VOICES & IMAGES
FROM BULGARIA

The exhibition, Voices & Images from Bulgaria: 1966–1979,
sponsored by the Bulgarian Academy of Sciences,
National Ethnographic Museum and Bulgarian Photographic Society,
curated by Ivo Hadzimishev, was presented for the first time
at the National Ethnographic Museum in Sofia in 2006.

© 2011 Martin Koenig—for the publication
© 2011 Martin Koenig—for the photographs, except otherwise noted
© 2011 Martin Koenig—for the texts

This book may not be reproduced in whole or in part, in any form or by any means, electronic or mechanical, or by any information storage and retrieval system, including photographs or texts without permission from the author.

Library of Congress Registration: VAU 1-008-415, VAU 749-857,
VA 1-424-761, RE 930-434, RE 930-435, RE 930-436
ISBN: 978-0-615-41099-9

Barking Rooster Press
P.O. Box 2484
Vashon Island, WA 98070
Telephone orders: 206-463-1238
Orders by email: koehoe@centurytel.net

To see more of Martin Koenig's photographs
please visit: www.balkanechoes.com

Изложбата „Гласове и образи от България" с куратор Иво Хаджимишев, спонсорирана от Българската Академия на Науките, Националния Етнографски Музей и Българската Фотографска Асоциация, беше показана в Националния Етнографски Музей в София през 2006 г.

© 2011 Мартин Кейниг—публикация
© 2011 Мартин Кейниг—фотография, освен където е отбелязано друго ©
2011 Мартин Кейниг—текст

Никаква част от това издание не може да бъде възпроизвеждана под каквато и да е форма и по какъвто и да е начин без изричното разрешение на автора

VOICES & IMAGES FROM BULGARIA

MARTIN KOENIG

ГЛАСОВЕ И ОБРАЗИ ОТ БЪЛГАРИЯ

МАРТИН КЕЙНИГ

Barking Rooster
Press

Тази книга е посветена на паметта на

Райна Кацарова и **Вергилий Атанасов**,

двама български музиколози,

които обичаха българската традиционна култура,

посветиха живота си на нейното изучаване и документиране

и щедро споделяха своите знания и опит с онези от нас, които не бяха българи,

но също толкова дълбоко ценяха традиционната българска култура.

Vergily Atanassov backstage at the Belogradchik Festival,
Ot Timok Do Iskur, **August 1967.**
Вергилий Атанасов зад сцената на белоградчишкия събор
„От Тимок до Искър", август 1967 г.

This book is dedicated

to the memory of **Raina Katzarova** and **Vergily Atanassov**,

two Bulgarian musicologists who loved Bulgarian traditional culture,

devoted their lives to the research and documentation of it,

and shared so generously their knowledge and expertise

with those of us who were not Bulgarian,

but who also had a deep appreciation of it.

Raina Katzarova and her mother sitting in their garden in Sofia,
being interviewed by the author in summer 1970.
Райна Кацарова и майка й в градината им в София,
интервюирани от автора през лятото на 1970 г.

Introduction

Over forty years ago, Martin Koenig embarked on a trip to Bulgaria armed with a letter of introduction from Margaret Mead. In this initial trip, and on several consequent visits, he worked in villages throughout the country—filming, recording, and photographing the lively-yet-endangered aspects of the traditional culture he observed. His initial intention was to research and document traditional dance forms in their original settings, but the project has long since expanded and possibly transcended those aims. His documentation of the Bulgarian people and their way of life captured what is now a bygone era.

It turns out that a letter from Margaret Mead was quite an appropriate introduction because, in an intuitive way, Koenig was fulfilling the legacy of ethnographers Mead, Franz Boas, and a long line of fieldworkers whose projects were known for respectfully documenting cultures that would soon disappear. Such sensitivity to "the other" merits notice here, as Koenig has captured extraordinary details of expression, nuanced gesture, and nonverbal communication. Not only do the faces tell wonderful stories, but inflections of posture and relationships between people are revealed in great detail. Koenig's instinctive methodology involved varying strategies, from close-up engagement with his subjects to long shots and other means to photograph "candidly."

While not formally trained as a photographer, Koenig has a keen eye for composition and has eloquently documented people whose faces are as expressive as their dynamic music and dance. One example (Two Men, village of Yerusalimovo, Thrace, 1979, p.31) exemplifies the subtlety of his innate compositional talent. A photograph pared down of most details features two older men by a tree, and creates a lovely equivalence of their bowed bodies and lined faces with the bowed and aging beauty of the tree. The image conveys so much without any pretense of trying to make a big statement about the culture, its relationship to nature, or even the relationship between the two men.

In many ways, photographic portraits reveal the relationship between photographers and their subjects. Koenig's warm and active engagement with his subjects is ever-present. He managed to enter into private moments as adroitly as he documented public performances. Subtle stories unfold in these photographs, many of which are addressed in the annotations accompanying the photographs reproduced in this book. Those stories add another layer of information and further reveal the intimacy of Koenig's involvement. In one of the rare posed shots, an accordionist and his wife proudly stand in front of their home. The cap he is wearing was put on at the last minute in place of the other hat lying on the bench beside him. To this day, Koenig is not certain of just why he changed hats, but this was how he chose to pose for posterity.

Koenig's photography transports us to a world that enchants us with the vitality and communality of its dance, its music, and its people, whose strength and quiet dignity he has captured so eloquently.

Lanny Silverman
Chief Curator, Chicago Cultural Center

Въведение

Преди повече от четиридесет години, Мартин Кейниг предприема пътуване до България, "въоръжен" с писмена препоръка от Маргарет Мийд. Тогава и при няколкото следващи посещения той работи в села из цялата страна. Там заснема, записва и фотографира все още живите, но застрашени жанрове на българския фолклор. Първоначално намеренията му са да изследва и документира традиционни танцови форми в тяхната първична среда, но проектът му се разраства. Документирайки тогавашните българи и техния начин на живот Кейниг успява да улови една днес вече отминала ера.

Както се оказва в последствие писмото от Маргарет Мийд, което Кейниг носи, е едно доста подходящо представяне. Кейниг интуитивно осъществява заръките на етнографите Мийд, Франц Боас и цяла редица други изследователи, чиито проекти са известни с това, че документират с уважение изчезващи култури. Трябва да се отбележи онази чувствителност на Кейниг към "другата" същност, защото той успява да представи в невероятен детайл изразите, нюансираните жестове и несловесното общуване между хората. Лицата на хората от снимките разказват омайни истории и успяват да разкрият отношенията между субектите и интонацията в позите им. Кейниг използва различни похвати в интуитивната си методика – от снимки в близък план по време на разговори с хората до кадри отдалеч, както и други спонтанни подходи.

Въпреки че е самоук фотограф, Кейниг има проницателен поглед за визуалната композиция. Лицата, които документира, изразяват почти толкова, колкото динамичните танци и музика на региона. Един от примерите, който показва изтънчеността на неговия вроден талант за композиция е Двама мъже, Йерусалимово (Хасковско), Тракия, 1979 г., стр.31. Опростената снимка показва двама старци до едно дърво и създава очарователен баланс между техните превити тела и сбръчкани лица и превитата и застаряваща хубост на дървото. Снимката изразява много без да претендира да представлява българската култура, връзката й с природата или връзката между двамата старци.

По един или друг начин портретите разкриват връзката между фотографа и обектите на снимките му. Близката и активна ангажираност на Кейниг с неговите модели е очевидна. Той еднакво умело успява да заснеме и лични моменти и публични представления. Сложни разкази се развиват в снимките му. Много от тях са описани в бележките към снимките, показани в тази книга. Разказите добавят детайли и разкриват обвързаността на Кейниг с тези хора. В една от малкото режисирани снимки акордеонист и неговата съпруга гордо стоят пред дома си. Преди заснимането на кадъра, човекът сменя шапки и захвърля старата шапка на пейката до него. Кейниг така и не успява да си обясни защо този човек е решил да позира по такъв за идните поколения.

Снимките на Кейниг ни пренасят в един свят, който ни пленява с жизнеността и силната задружност на своите танци, музика и хора. Тяхната сила и скромно достойнство са красноречиво изразени в тази книга.

Лани Силвърман
главен куратор, Чикагски Културен център

Dance from Bistritsa
Хорото на Бистрица

Waiting for the Wedding Procession, Thrace, 1920s
В очакване на сватбена процесия, Тракия, 20-те г. на XX в.

A Journey to a Different Time and a Different World

Soon it will be half a century since an excited American youngster came to the former institute of musical studies at the Bulgarian Academy of Sciences, led by his enthusiasm to learn about Bulgarian folklore. Bulgarian traditional dance was his main interest and I, a musicologist with a specialization in dance, was asked by our director to work with him both at the Institute of Music and during our trips to villages to search for folk dances and record them. Thus I met Martin Koenig.

During those years that Martin accompanied our research teams into the villages and the surrounding countryside, the folk culture of the traditional society was still alive – not only in the memory of the village people but also embodied by them in their movements, their dancing, and their way of singing.

Having grown up in the city, away from traditional village life, I knew little about this culture. I am grateful to Martin for giving me the opportunity now, through his photographs, to return to and relive my memories of that world, a world to which at that time I was just being introduced—a world that became the love of my life.

At that time I had no holistic idea of the cultural system shaping the meaning and essence of the folk dance, since our focus was then entirely on collecting field material in a race with the clock to record as many songs, dances, and instrumental pieces as possible. In that unexpected abundance I felt lost, lost among the rich rhythms and forms on the "ethnographic treasure island" of Bulgaria, though simply trying to collect and preserve this cultural wealth. But even then I was attempting to embrace what was something immense and to observe what extended beyond my actual vision. Even then I sensed that deep meanings were hidden within the external diversity of the folklore and finding out this meaning, was then and still is for me now, the true treasure.

From my first experience with the traditional village world I was fascinated by my ever-growing comprehension that this was not a common culture of common people. I wanted to understand why the rough hand of a hard-working village elder woman gestured more exquisitely than the hand of a young woman from a dance ensemble -why you venerate the one, sensing in it a gesture of holiness, while the other one is pedestrian, nondescript and ineffective; why looking at the dance of a stout and vigorous village woman, you feel more lightness than you experience from the professional stylized dance of young women with the bodies of models. I gradually became aware that the traditional gestures and poses reflected a different worldview and harmony, a lineage of dance, verbal, musical, and plastic forms that are expressions of another type of culture, a different life and a different world.

I am grateful to Raina Katsarova, who laid the foundations of collecting and studying the dance folklore in Bulgaria, and in so doing awakened in me love and adoration of the old traditional culture and especially its bearers. This was back in 1955, a long time ago. Since that time I have traveled (later with my daughter, Dr. Anna Shtarbanova) to many hundreds of villages all over Bulgaria, recording thousands of dances, rituals, songs, instrumental pieces, and their oral histories. Especially valuable are the recorded data from people born at the end of the 19th century, who lived within an oral culture and who bring us a view of a world that has now totally disappeared.

The experience of our recent history changed peoples' awareness of folklore in many respects. In today's Bulgaria, when we speak of folk dances, most people think of the choreographic compositions performed by professional and amateur dance ensembles on concert stages. Even in the folk dance clubs that became popular in the 1990s, the movements, posture, and style are copied from the stage performances, changes that Martin noticed even on his last work visit in 1979.

I am sad and disappointed, though in the end I've become resigned, to the fact that I could not leave for future generations much more usable film documentation about all that awakened my interest in this culture, which we still continue to examine in depth. Though the archives of the former Institute of Music contain more than 4000 dances and rituals filmed during my field research, they are nothing compared to what could have been accomplished if there had been better understanding and allocation of funds by authorities at that time. For years on end, we could not film with synchronized sound and movement. We were unable to provide the necessary conditions to preserve the 16 mm films we did produce, recording the style and circumstances of performance of traditional dance which are now gone forever. I myself had no access to my own archives, which prevented me from deciphering and publishing the material I had collected. The only volume presenting the rich tradition of dance in Bulgaria that I was able to complete was my collection *Folk Dances from the Srednogorie*.

Although we Bulgarians were not able to preserve our films nor complete the work of filming the extraordinary richness of our folk culture, still we were successful in documenting and describing with pen and notebook a relatively complete picture of our traditional music and dance culture. We made a reconstruction of music and dance activities related to the calendar holidays as well as the female and male rituals of the calendar and human life cycles. Today we have experience enough both in fieldwork and in theoretical thinking to reconstruct this type of culture and offer it to our contemporaries as a new way of approaching that work.

The ancient Bulgarian culture, with something from the wisdom of the east, has bequeathed us a perfect calendar, consistent with the movements of celestial bodies and the energies of light and darkness. The traditional ritual and festivity system that has reached us is shaped by this ancient calendar and is a cycle of change of seasons. The significant agricultural events meet with the important moments of human life - age initiations and marriage. Rituals related to these crucial points in the annual calendar cycle mark transitions in the social, natural, and cosmic plan.

For example, the initiation of boys into the category of unmarried men takes place, not accidentally, mainly around the Christmas season during the days of the sun's new birth. At this time, the evening "vampire" chain dances (*horo*) of winter begin, and the initiated youths may fall in love and choose young women to marry. Then, with the beginning of lent, the initiations of girls into unmarried womanhood begin. This is the time of the vernal equinox, when nature is awakened to new life.

Up to the middle of the 20th century there was a completely preserved system of rituals of initiation, which Martin noticed when observing the ritual of *lazaruvane* in the village of Bistritsa, an initiation ritual unique in Europe. These rituals originate from old pre-Christian rituals -the masquerade plays for the unmarried men and the spring plays for unmarried women - which still go on together with *koleduvane* and *lazaruvane*. All of them preserve their ancient meaning, the elements and means of initiation, and especially the ritual song and dance as well as the way of singing and dancing. The *lazarka* dancing is an example, a model of behavior—a veritable "law" in traditional society as the elder women from the villages would say. And they may add: "it has always been so — a young woman who has not danced *lazarka* is not allowed to marry — a dragon will capture her."

Kuker from Straldzha, 1960s
Кукер от с. Стралджа, 60-те г. на XX в

St. George's Day Dance, 1920s
Гергьовден от Кюстендилско, 20-те г. на XX в.

Dance from Ivailovgrad area, 1930s
Хоро от Ивайловградско, 30-те г. на XX в

Photographs for this article courtesy Nikolai Atanasov, the Vergily Atanasov Foundation for Bulgarian and Balkan Ethnoorganology

The analyses show that the main motif in ritual songs and dances is the enactment and replay of the universal myths of humankind - creation of the world, of life and of human beings. Thus the lazarus dance reveals the myth of the eternal return-eternally dying and resurrecting god-nature, the divine bee, the labyrinth, the snake, the unmarried young woman-fighter, the sacred marriage from the bronze age securing fertility—and is continued by the socially normative marriage in the Bulgarian patriarchal village. Thus ritual song and dance teach mythology, history, behavior, norms, law and principles of life.

As late as the 1960s, we could observe the thrill of the young girl from the village of Kozichino, Bur-gas region, who was focused most seriously on the *lazarski* dance. With cheeks burning with excitement she experienced the crucial day of her life — to appeal to someone, to be chosen. Even as recently as the 1970s, the girls from this village still went back to Kozichino to be *lazarki*. This power of experience, the continuity of getting into the ritual state, the ability to relive the eternal values again and again, allowed for multiple village groups to keep up the mystery, the power of the ritual dance on festival stages for years after the traditions were gone. But these were people who in their youth had experienced the "school" of the initiative rituals and dances.

Martin's collection has great importance in preserving prototypes and images of a time and spirit forever gone. Regrettably, he too was not in a position to make films of the dances and other cultural riches in our villages on the scale that he had intended. Yet, that which he was able to capture with his cameras, in spite of all the difficulties, today is an enduring document of enormous value — a recognition by a foreigner with an objective but also an extraordinarily sensitive and empathetic view, of the values of that fading culture.

Dr. Anna Ilieva
Senior Dance Ethnologist, Bulgarian Academy of Sciences

Holiday Dance from Ihtiman area, 1930s
Празнично хоро от Ихтиманско, 30-те г. на XX в.

Dance from Russe area, 1920s
Хоро от Русенско, 20-те г. на XX в.

Едно пътуване във друго време и в друг свят

Скоро ще стане почти половин век, откакто едно запалено по българския фолклор американче се появи в бившия Институт за музика при БАН. Интересуваше се най-вече от танц и музика и затова аз бях определена да го придружавам в пътуванията по селата за издирване и записване на фолклорни танци. Така съдбата ме срещна с Мартин Кьониг.

Времето, когато пътувахме заедно още носеше аромата на традиционния начин на живот, както сам той отбелязва. Тогава фолклорната култура на традиционното общество беше още жива, не само в паметта на хората по селата, а и в телата, движенията, танцуването им, в начина им на пеене.

Благодарна съм на Мартин, че ме пренесе отново в този свят, който тогава тепърва опознавах и който стана любовта на живота ми.

Тогава още нямах изградена цялостна картина за културната система, която поражда смисъла и значението на фолклорния танц, защото нашите изследвания все още набираха теренен материал и беше време, в което се надпреварвахме да запишем колкото може повече песни, танци и инструментални мелодии. Беше време, в което се чувствах изгубена сред богатствата от ритми и форми на „острова на съкровищата", в опит да събера и съхраня тези съкровища. Още тогава се опитвах да подредя и осмисля това многообразие по някакъв начин – да обхвана необхватното, да обозра необозримото. Още тогава усещах, че зад външното многообразие се крие дълбок смисъл, чието разкриване е намирането на истинското съкровище. Израснала в града, далеч от традиционния селски начин на живот, аз не познавах тази култура. Тя беше нова и непонятна за мен, но още при първия ми досег бях завладяна от усещането, че това не е „простата култура на простия народ". Задавах си въпроси: защо грубата ръка на отрудената селска старица има по-елегантен жест от младото момиче от ансамбъла, защо единият жест те респектира и долавяш в него свещенодействие, а в другия външен ефект и показност; защо когато наблюдаваш играта на една едра, здрава селянка усещаш повече лекота отколкото при професионалното изпълнение на девойки с фигури на манекени и т.н. Постепенно си дадох сметка, че жестовете и позите говорят за друг тип светоусещане и хармония, че те са част от това двигателно поведение и излъчване, което носи и старият стил на танцуване и което, наред с вербалния и музикалния и пластичния език, е израз на друга култура, друг живот, друг свят.

Благодарна съм и на Райна Кацарова, която полагайки основите на събиране и проучване на танцовия фолклор в България, събуди в мен любов и преклонение към старата традиционна култура и особено към нейните носители. Това се случи в далечната 1955 г. от тогава аз, а след това и дъщеря ми Анна Щърбанова, обиколихме стотици села по всички краища на България и записахме хиляди танци, обреди, песни, инструментални мелодии и разкази за тях. Особено ценни са сведенията, записани от хора, родени в края на 19 век, живяли главно по законите на една безписмена старинна култура и носещи изчезнал днес светоглед.

Днес вече имаме натрупана нова история, която промени представата на хората за фолклор в много отношения. Днес, като се говори за народни танци, повечето хора имат предвид хореографски композиции, изпълнявани от професионални и самодейни състави. Дори в клубовете по танци, станали популярни през 90-те г., движенията, стойката и стила се копират от сценичните изпълнения – промени в съвременното изпълнение на фолклорния танц, които Мартин забеляза още при второто си идване през 70-те г.

Изпълнена съм с тъга, разочарование и огорчение, че ми се изплъзна и че не можах да оставя за бъдните поколения ползваем филмов документ за това, което събуди в мен интереса към тази култура, която до ден днешен продължаваме да осмисляме в дълбочина. Въпреки че в архива на бившия Институт за музика има над 4000 танца и обреди, филмирани по време на теренната ми работа, те са нищо в сравнение с това, което можеше да се направи при едно по-добро разбиране и разпределяне на средствата от факторите, от които зависеше това тогава. Години наред не можехме да осигурим възможност за синхронен запис на звук и движение, както и необходимите условия за съхранение на 16 милиметровите киноленти, запечатали безвъзвратно отминалите стил и среда на изпълнение на традиционния танц. Аз самата нямам технически достъп до собствения си архив, за да дешифрирам и издам сборници със събрания от мен материал. Единственият сборник, който представя богатата танцова традиция на България до ден днешен остана сборника ми „Народни танци от Средногорието".

Ние българите не успяхме да съхраним на лента качествено и пълно нашето необикновено богатство. За сметка на това се постарахме с тетрадка и молив да опишем и да възстановим относително пълно картината на традиционната музикално-танцова култура. Направихме реконструкция на фолклорната музикално-танцова дейност, свързана с календарните празници, както и с женската и мъжка обредност по календарния цикъл и по жизнения цикъл на човека. Съответно анализирахме и осмислихме различния начин на мъжкото и женското танцуване.

Днес вече имаме достатъчно натрупан опит и като събирателска работа на терена, и като теоретично осмисляне, за да можем да реконструираме този тип култура. и да я поднесем на съвременниците си като познание.

Древната българска култура, която ни е донесла нещо от мъдростта на изтока, ни е завещала един съвършен календар, съобразен с хода на небесните тела, с движението и енергиите на светлината и мрака. Достигналата до нас традиционна обредно-празнична система е изградена на основата на този древен български календар и представлява своеобразен цикъл, в който смяната на годишните времена и значимите аграрни моменти се засрещат с важните моменти от жизнения цикъл на човека – възрастови посвещения и сватба. Така обредите около тези възлови точки от годишния календарен цикъл съдържат момента на преход и в социален и в природен, космически план.

Неслучайно ергенските посвещения са главно около дните на новораждащото се слънце – *Млада Бога* – Рождество Христово – Коледа. Така младежите се посвещават в ергенство във върховния момент на тяхната жизненост, момент в който започва увеличаване на тяхната активност. След прочистващото обредно къпане на Ивановден (7 януари), когато завършва посветителния им период, започва проявлението на тяхната активност. Тогава започват и зимните, вечерните *вампирски хора*, където те могат да залюбват и да грабят моми за женени. И това е до Великденските пости, когато започва забраната за хора, за сватби и смесени празнични хора на инструментален съпровод. А с началото на постите започват моминските посвещения. Те се разгръщат около пролетното равноденствие, когато природата се събужда за нов живот и завършват с Лазаровден и Великден. Моминските посветителни игри са в равновесен момент на тяхната жизненост и активност, с това е свързана и цялата бъдеща роля на тяхното пеене и техните буйни танци в наловена змиевидна верига.

Няма да сгрешим, ако кажем, че изконните типове обредни танци, дали основа на богатството на българските хора, принадлежат главно на моминската обредност.

Изходна позиция в нашата работа е констатацията, че до средата на 20 в. в България е съхранена цялостна система от посветителни обреди, нещо което Мартин Кьониг забелязва при наблюдението си на лазаруването в с. Бистрица, и което е уникално

Dance from Panagyurishte area, 1920s
Хоро от района на Панагюрище, 20-те г. на XX в.

Old man and bride, *Koledari* Ritual, Sofia area, early 1940s
Старец и *булка* - коледари от Софийско, началото на 40-те г.

Welcoming the Bride, Sofia area, 1930s
Посрещане на невестата, 30-те г. на XX в

Снимките за тази статия са с разрешението на Николай Атанасов, Фондация "Вергилий Атанасов" за българска и балканска етноорганология.

за Европа. Тези обреди не са древните инициации и мистерии. Някои от тях типологически и стадиално ги отнасяме към времето около приемане на християнството (коледуване за ергените, лазаруване за момите). Но те са изградени върху основата на старите предхристиянски обреди – маскарадни игри за ергените и пролетните момински игри – които остават да ги съпътстват. Така комплексите от моминските и от ергенските посветителни обреди, заедно с цялата сватбена обредност, изграждат степените на посвещение в българската традиционна култура. Всички те запазват древни смисли, посветителни елементи, техники и най-вече обредната песен и обредния танц, както и начина на пеене и танцуване. Анализите показват, че основният мотив в обредите с песен и танц е представянето/проиграването на универсалните митове на човечеството – сътворението на света, на живота, на човека. Така в лазарския танц можем да открием мита за вечно умиращото и раждащото се отново божество-природа, за богинята-пчела, за лабиринта, змията, за момата-войн, за свещения брак от бронзовата епоха, осигуряващ плодородието, който се подема от брака осъществяващ социална норма в българското патриархално село. В този смисъл обредната песен и обредното танцуване са урок по митология, история, по поведение, ред, право и закон на живот. Танцуването на лазарката е образец, модел на поведение в традиционното общество и това няма мотивировка – „то е закон", казват старите баби на село. И още „така е било от край време, която мома не е играла лазарка не може да се жени – змей ще я грабне".

До началото на 60-те г. на 20 в. можехме да наблюдаваме трепета на девойчето от с. Козичино, Бургаско, което сериозно, съсредоточено в лазарския танц – буенец, но с пламнали от вълнение бузи и побили капки пот по лицето, изживяваше решителния ден в своя живот – да бъде харесана, избрана... И до края на 70-те г. момичетата от с. Козичино, които учеха в гр. Бургас все още се връщаха в селото, за да лазаруват. И тази сила на усещането, тази приемственост на умението да се влезе в обредното състояние, възможността да се изживяват вечни ценности отново и отново, а по този начин „да омагьосат", да настроят и другите, позволи на безброй селски групи, години след отмирането на традициите, да поддържат тайнството, силата на обредния танц по събори и сцени. Но това бяха все пак хората, които през младостта си бяха преминали през „школата" на посветителните обреди и танци.

И независимо че културата на всяка епоха си има свой език, свой начин на изказ, съществуват вечни ценности, идеи, символи и значения, които при смяна на епохи и светогледни представи се предават и запазват във вярвания, обредност, в танц, жест, форма, ритъм. За тях казваме, че имат архетипна основа. Такъв е символът на женския хороводен кръг, на моминската змиевидно водена танцова верига, на мъжката ударена стъпка, на биенето с крак „о земи", на пролетното моминско пеене сутрин преди слънце, наричано „на извик", „на будене на гората", „на викане на пролетта".

В този смисъл безкрайно ценна е и колекцията на Мартин от образи и типажи – частица от едно безвъзвратно отминало време и дух. За съжаление по ред независещи от него причини, и той не можа да филмира съществуващото тогава богатство и танци по нашите села в този мащаб, в който го беше замислил. Но и това, което успя да улови със своите камери, въпреки трудностите, днес е безценен документ за времето и признание на чужденеца с обективния, но същевременно много емоционален външен поглед за стойността на тази изчезваща култура.

Проф. д. изк. Анна Илиева

Author's note

Forty years ago I went to Bulgaria with two letters of introduction. One was from anthropologist Margaret Mead introducing me as an instructor of folk dance at Columbia University's Barnard College. The other was from Zhivko Angelushev to his brother Boris. Boris not only invited me to stay with him and his wife in his home in Dragalevtsi, but he also introduced me to the *Comiteta Za Priyatelstvo I Kulturni Vrazki S Chuzhbina* (Committee for Friendship and Cultural Relations), which organized Bulgarian folk dance lessons for me and also introduced me to Venelin Krastev, director of the *Institut za Muzika* (Institute for Music), who made arrangements for me to work with music and dance scholars at the *Institut*. Anyone who has done fieldwork in a foreign country will testify that your work is only as good as the assistance you are given by specialists of that country. Thinking back, I realize what a transformative experience and opportunity I was afforded there.

Mornings found me at the *Institut za Muzika* looking at dance films with Anna Ilieva, who initiated me into the world of Bulgarian traditional dance within its living contexts. I listened to myriad field recordings and learned about Bulgarian instruments and music from Vergily Atanassov, who not only suggested places for me to go and musicians and colleagues to meet, but who also taught me the dos and don'ts of cultural fieldwork in socialist Bulgaria. Later in the day I would visit with Raina Katzarova, the pioneering ethnomusicologist, at her home, a short distance from the *Institut*. Afternoons and evenings were spent with Rumyana Tsintsarska and Krastyu Gochev, among many others, and dancing in the evening with the Georgi Dimitrov Ensemble. Weekends I would travel to regional festivals or nearby villages to record, film, or take photographs. It was exciting for me, as an American in his mid-twenties, to feel welcomed and supported by so many people.

But even in that very first year I understood that I was being exposed to a culture and society in rapid transition. Ongoing industrialization was accompanied by huge population shifts from the countryside to the cities, and I quickly realized that aspects of this agrarian lifestyle that I had just discovered and found so compelling were disappearing.

Between 1966 and 1979 I made half a dozen trips to Bulgaria. After that first year I felt an urgency to preserve the music and dance traditions by permanently memorializing them on 16 mm film stock and audiotape. I worked throughout the country with the goal of documenting and recording the traditional music and dance of each place I visited. So, although I originally came to Bulgaria to learn dances, my goal soon shifted to documenting village culture, and always, whatever else I might be doing, I would have at least one SLR camera slung across my chest to capture any special moment that might occur.

My work was championed by Evgenia Kamova from the *Comitet Za Priyatelstvo I Kulturni Vrazki S Chuzhbina*, Grisha Gyurov of *Balkanturist*, and by Valeri Petrov, Hristo Neykov, and Krassimira Ikonomova, friends who all supported my work with unflagging enthusiasm, warmth, and trust. It was through Mrs. Kamova's efforts that my colleague and traditional arts specialist Ethel Raim and I were able to produce two Bulgarian recordings. One of the songs we recorded, *"Izlel e Delyu Haydutin"* ("The Brigand Delyu Sets Out"), was selected for any alien races who happened upon the golden record floating out there in space on Carl Sagan's *Voyager* spacecraft as an example to represent the music of the people of Planet Earth.

In that time period, my work in the United States included founding and co-directing with Ms. Raim the Balkan Arts Center (now known as the Center for Traditional Music and Dance), an NGO and strong proponent of what American folklorist Alan Lomax called "cultural equity"—the right of every community or ethnic group to express and sustain its cultural heritage. An early pioneer in promoting the traditional music and dance forms of America's immigrant ethnic communities, the Center has, over its 40+ year history, produced folk festivals, concerts, and documentary films, held classes, and contributed to America's recognition and appreciation of its rich and vibrant ethnic diversity.

The photographs in this book—some from more than four decades ago—are portraits of the people I came across in my travels through Bulgaria, the rural life I experienced, the musicians and dancers I interacted with, and the rituals and festivities I observed. This was a slower-paced, self-contained agricultural society that held onto an immense reservoir of folklore for a much longer time than did most other parts of Europe. I regard these photos as a celebration of an incredibly attractive and engaging way of life that, for all intents and purposes, is gone, due to technology, globalization, and migration.

Though members of these rural communities were poor in material goods, what I was struck by was how rich they were in their sense of self and community. The cultural revolution that has swept away this traditional lifestyle, like similar erasures in so many other regions of the world, occurred in a very short time and has gone largely undocumented. I hope these photographs have sufficient eloquence to convey a sense of the vitality and lyricism of that former world—the human beauty and life force expressed through its traditional culture and the sense of place; through the eyes, the smiles, the energy—that have remained unforgettable to me.

It is said that you must know where you come from in order to know where you are going. It is my fervent hope that the people whom I photographed may provide a link to a way of life which is gone but which should not be forgotten because it reveals a dimension of strength and beauty in the human spirit, which we, in our longing, may not even know we are missing.

MARTIN KOENIG, 2011

Бележки на автора

Преди четиридесет години пристигнах в България с две препоръчителни писма. Едното от тях беше от антроположката Маргарет Мийд, която ме представяше като инструктор по народни танци в колежа Барнард към Колумбийския университет. Другото беше от Живко Ангелушев до неговият брат Борис. Борис Ангелушев не само ме покани да отседна при него и съпругата му в дома им в Драгалевци, но също така ме представи в Комитета за приятелство и културни връзки с чужбина, който организираше уроци по народни танци. Запозна ме и с Венелин Кръстев – директор на института за музика, а той уреди да работя заедно с научни работници от института върху музика и танци. Всеки, който се е занимавал с теренна работа в чужда страна, ще потвърди, че работата му ще бъде толкова добра, колкото е помощта, която му дават специалистите от страната. Когато се замисля, осъзнавам каква голяма възможност ми бе предоставена там да трупам опит.

Сутрините си прекарвах в института за музика за да гледам филми с народни танци заедно с Анна Илиева. Тя ме въведе в света на българските народни танци в тяхната жива форма. Прослушах безброй записи и научих много за българските народни инструменти и музика от Вергилий Атанасов, който не само ми даде добър съвет кои места да посетя и с кои музиканти и колеги да се срещна, но също така ме научи какво може и не може да се прави при културна теренна работа в социалистическа България. По-късно през деня посещавах в дома й недалеч от института Райна Кацарова – една от първите етномузиколози, вече покойница. Следобедите и вечерите прекарвах с Румяна Цинцарска и Кръстьо Гочев, както и с други хора, а вечер танцувах с ансамбъла „Георги Димитров". в края на седмицата ходех на регионални събори или пътувах до близки до София села за да правя записи, да снимам филми или да фотографирам. Този период бе безкрайно вълнуващ за мен – двадесет и няколко годишният американец, който бях тогава – защото се чувствах добре приет и подкрепен от много хора.

Но дори през тази първа година ясно разбирах, че се сблъсквам с култура и общество, което преживява бързи промени. Индустриализацията бе придружена от голямо движение на населението от провинцията към градовете и аз бързо осъзнах, че някои качества на този селски начин на живот, който тъкмо бях открил и който намирах за толкова привлекателен, скоро щяха да изчезнат.

Между 1966 и 1979 бях в България шест пъти. Чувствах необходимост да изучавам музикалните и танцови традиции и да ги увековечавам върху 16 милиметрова кинолента и чрез аудио записи. Работих изключително по села из цялата страна с цел да документирам и записвам традиционна музика и танци от всяко място, което посещавах. Въпреки че първоначално бях дошъл в България да изучавам танци, целта ми скоро се пренасочи към документиране на селската култура. Спомням си, че винаги, независимо с какво се занимавах, на гърдите ми висеше поне един фотоапарат, с който да документирам уникални моменти, ако случайно се появи възможност за това. За работата ми много ми помогнаха Евгения Камова от Комитета за приятелство и културни връзки с чужбина, Гриша Гюров от „Балкантурист", а също и Валери Петров, Христо Нейков и Красимира Икономова – приятели, които ме поддържаха със своя неуморим ентусиазъм, топлота и доверие.

С помощта и усилията на госпожа Камова, заедно с моята колежка – специалистка по традиционните изкуства Етел Рейм успяхме да запишем две плочи с българска музика. Една от песните, която записахме - „Излел е Делю хайдутин" беше избрана да бъде включена в селекцията на космическият кораб „Вояджър" на Карл Сейгън, представяща музиката на народите на планетата Земя.

През този период в Съединените Щати посветих много усилия за основаването на Център за балкански изкуства (сега известен като Център за традиционните музика и танци), чийто директори бяхме двамата с Етел Рейм. Това е неправителствена организация, оказваща силна подкрепа за онова, което американският фолклорист Алан Ломакс нарече „културна справедливост" – правото на всяка обществена или етническа група да изразява и съхранява своето културно наследство. Центърът играеше ролята на пионер в подкрепата на традиционните музикални и танцови форми на американските имигрантски етнически колонии и през своята 38 годишна история е организирал фолклорни фестивали, концерти, курсове, направил е няколко документални филма и е спомогнал за разбирането и оценяването на американското етническо разнообразие.

Представените в тази книга снимки, някои от които са отпреди четиридесет години, са портрети на хората, с които се бях срещал по време на пътуванията ми из България. Те представят селския начин на живот, на който бях свидетел. Тяхното селскостопанско общество се развиваше бавно, разчиташе изключително на себе си и съхраняваше своя неизчерпаем запас от фолклор много по-дълго, отколкото това се случваше в други части на Европа. За мен тази фотоизложба е прослава на невероятно привлекателен и изпълнен с очарование начин на живот, който фактически вече не съществува поради развитието на технологиите, глобализацията и миграцията.

Въпреки че членовете на тези селски общества са имали твърде малко материални блага, аз бях поразен от това какви богати личности бяха те в своето разбиране за достойнство и за своето общество. Културната революция, която подобно на много други райони на света помете този традиционен начин на живот, се състоя за един много кратък период и така си отиде без да бъде достатъчно документирана.

Надявам се, че моите снимки представят жизнеността и лириката на този вече несъществуващ свят – красотата на човека и силата на живота, изразени чрез националната култура и усещане за своето място в нея – чрез очите, усмивките и енергията, които за мен ще останат незабравими. Казват, че човек трябва да има представа откъде идва, за да знае къде отива. Дълбоко се надявам, че хората, които съм фотографирал, представляват връзка с един начин на живот, който е отмрял, но който не бива да се забравя, защото разкрива едно измерение на силата и красотата на човешкия дух, което ние в копнежите си дори не осъзнаваме, че ни липсва.

Мартин Кейниг, 2011 г.

PHOTOGRAPHS
СНИМКИ

Shepherd and Flock, village of Aydemir, Dobrudzha, 1979

The Danubian Plateau is the breadbox of Bulgaria. Situated between the Danube River to the north and the Balkan Mountains to the south, it is a fertile area with rolling hills and produces much of the grain for the nation.

I came to Aydemir, in the Danubian Plateau, to film a small performing group of four dancers. Both the music and the dance form are as expansive as the natural surroundings that gave birth to them. As in other villages, I left it to the local people to decide where the filming should take place. They took me to a high point on the outskirts of the village, where they cleared some tall grass with scythes. It was a very beautiful spot with a stunning 180-degree panoramic view, in which a shepherd grazed his flock in the near distance. Behind him is the village's rolling fields, dust being raised by a working tractor, and finally, in the distance the Danube River.

Овчар и стадо, село Айдемир, Добруджа, 1979 г.

Дунавската равнина е житницата на България. Разположена между река Дунав на север и Балкана на юг, тя е един плодороден край с меки хълмове, който произвежда голяма част от зърното в държавата.

Дойдох в Айдемир, в Дунавската равнина, за да снимам малка танцова група от четирима души. Музиката и танцовите им форми бяха пространни като природата наоколо, която ги бе вдъхновила. Както и в други села, оставих на местните жители да решат къде да се направят снимките. Те ме заведоха на една височина в покрайнините на селото, където бяха подготвили малка окосена ливада. Беше много красиво място с прекрасна панорамна гледка на 180 градуса, в която на преден план виждаме овчар, пасящ стадото си. Преливащите хълмове на селото, прахолякът на работещ трактор и най-накрая Дунава оставаха в далечината.

Two Men, village of Yerusalimovo, Thrace, 1979

In 1979 I worked in Bulgaria with a grant from the International Research and Exchanges Board (IREX). I was there to film traditional dance in towns and villages in the two Bulgarian regions of Thrace and Dobrudzha. The village of Yerusalimovo originally was situated high on a mountain near the town of Haskovo in south central Bulgaria. When I was there, the village had already been moved down the mountain in order to more easily provide water, electricity, and other conveniences to the inhabitants. As with so many of these isolated villages, when roads were built connecting them to the outside world, many residents used them to leave for the urban centers.

As we waited to gather people together to film dancers from this village, I looked out the window of the cultural house I had been visiting and was struck by these two men standing near a neighboring tree. Although both the men and the tree looked worn by time and life, they also projected a quiet dignity and solidity.

Двама мъже, Йерусалимово, Тракия, 1979 г.

През 1979 работех в България на стипендия от съвета за Международни Проучвания и обмен. бях там да филмирам традиционни танци в градовете и селата на Тракия и Добруджа. село Йерусалимово първоначално е било разположено високо в планината, близо до град Хасково в централна южна България. Когато го посетих, селото вече бе изместено в полите на планината, за да може по-лесно да се снабдяват жителите му с вода, електричество и други удобства. Както стана с много от тези изолирани села, когато бяха построени пътища, които да ги свържат с околния свят, много от жителите им ги използваха, за да ги напуснат и да отидат в града.

Докато чакахме да се съберат хората, за да заснемем танцьорите от селото, погледнах през прозореца на читалището, където гостувах и тези двама мъже, застанали до едно близко дърво, ми направиха впечатление. Въпреки че и дървото и мъжете изглеждаха остарели от времето и живота, те излъчваха тихо достойнство и твърдост.

Cattle Watchman, Shope Region, Western Bulgaria, 1966

On my first research trip to Bulgaria I was driving a few miles west of Sofia and saw this wonderful-looking man leaning on his wooden staff. He was standing at the side of the road next to his grazing cow. It was a scene I observed often while driving throughout the country that year.
I stopped my car, approached him, and in broken Russian and Bulgarian asked if I could photograph him.
He seemed amused both by the request and the words I used to make it.

Пастир, шопски регион, 1966 г.

При първото ми посещение в България пътувах с кола и на няколко километра на запад от София забелязах този чудесно изглеждащ мъж да се подпира на гегата си. Той стоеше край пътя и пасеше кравата си, за която той беше отговорен. Това беше гледка, която виждах често докато пътувах из страната през тази година. Спрях колата, приближих го и на развален руско —-български го попитах дали мога да го фотографирам. Той изглежда се развесели от молбата ми и от начина на изразяване, който ползвах за да я отправя.

Woman with Distaff, village of Pirin,
Pirin-Macedonia, 1970

I visited and did fieldwork in the village of Pirin many times between 1966–1979. It was a visually appealing place where time seemed to have stood still. It gave me an insight into how Bulgarian villages must have looked years ago. While wandering through its streets, I observed this woman coming towards me and snapped this photo.

Жена с хурка, село Пирин (благоевградско),
Пиринска Македония, 1970 г.

Посетих и събирах материали в село Пирин няколко пъти в годините между 1966 и 1979. Това е изключително красиво и привлекателно място, където времето сякаш е спряло. То ми даде представа как българските села трябва да са изглеждали преди години. Докато скитах из улиците, забелязах тази жена, която идваше към мен и "щракнах" тази снимка.

Old Woman, village of Obidim, Pirin-Macedonia, 1968

Isolated at the end of a poor mountain road, I found Obidim, a village with many excellent singers, some of whom Ethel Raim and I hoped to record for our Nonesuch record, *In the Shadow of the Mountain: Bulgarian Folk Music*. This photograph is of one of the women who had gathered in the village square curious to see these foreign visitors.

Стара жена, село Обидим, Пиринска Македония, 1968 г.

Отзовах се в село Обидим, едно уединено село, разположено в края на разбит планински път, но с много отлични певици. Двамата с Етел Рейм се надявахме да запишем някои от тях за плочата "В сянката на планината: Българска народна музика" (издание на "Нансъч"). Тази снимка е на една от жените, които се бяха струпали на мегдана любопитни да видят гостите от чужбина.

Shed, village of Pirin, Pirin-Macedonia, 1979

Located high in the Pirin Mountains, the village of Pirin was a pretty remote place. All over Bulgaria I saw changes in villages that residents may have welcomed as efficient and attractive. But Pirin struck me as old and unchanged. I found the appearance of this village more harmonious and appealing. I took many photos as I walked through its stone streets.

Навес, село Пирин, Пиринска Македония, 1979 г.

Намиращо се високо в Пирин планина, селото Пирин е доста изолирано място. По цяла България видях как в селата стават промени, които техните жители намираха за желателни и ефективни. Село Пирин ми се стори старо и непроменено. Това село ми изглеждаше по-органично и привлекателно. Направих много снимки докато бродех по неговите каменни улици.

Women, village of Obidim,
Pirin-Macedonia, 1968

Whenever I came to a village, there was no anonymity; people would gather to find out who I was and what I was doing there. This was one such grouping of curious women just coming in from the fields.

Жени, село Обидим (Благоевградско),
Пиринска Македония, 1968 г.

Когато стигнех до някое село, нямаше никаква анонимност, хората се събираха, за да научат кой съм какво прави там. Това е една точно такава група любопитни жени, които тъкмо се връщат от полето.

Summer Roadside *Sedyanka*, 1967

Anyone driving through villages in August would see this scene of women, children, and sometimes men, stringing tobacco leaves, attaching them to a wooden structure or just laying them out on the ground to dry. Note: *sedyanka* (or *sedenka* in Shope and Pirin dialects) is a work-bee.

Лятна седянка край пътя, 1967 г.

Всеки, който минава през селата през месец август, ще визи подобна сцена как жени, деца, а понякога и мъже нижат тютюневи листа на дървени шишове или просто ги редят на земята за да изсъхнат.

Summer Roadside *Sedyanka*, 1967

Another variant of the summer work parties. I was impressed by the social gatherings that were created to make work go more easily. I would see women spinning wool, sewing, and mending, among other activities.

Лятна седянка край пътя, 1967 г.

Друг вариант на летен задружен труд. Винаги ми правило впечатление как хората се събират и се трудят заедно за да върви работата им по-леко. Виждал съм седенки, на които жените предат вълна, шият или кърпят.

Woman with Distaff, 1967

While working in Bulgaria, I drove the length and breadth of the countryside to record and film in different villages and was always struck by the number of women that I would see alongside the road spinning wool or doing other work. See previous two photographs. By 1979 this communal roadside work world was gone. The woman in this photo taken in 1967 sat with a group of other women in front of one of their houses on the main road. The way she sat, the print dress and apron that she wore, the activity she was engaged in, the distaff and wool, and the wooden fence in the background, attracted my eye.

Жена с хурка и вретено, 1967 г.

Докато работих в България, обиколих страната нашир и надлъж за да записвам музика и снимам в различни села. Винаги ми правеше впечатление колко много жени седят край пътя и предат вълна или се занимават с друга работа (вижте предните две снимки). През 1979 г. този свят на задружен труд край пътя вече го нямаше. Снимката на тази жена направих през 1967 г. както беше седнала заедно с други свои съседки пред една къща на главния път. Хареса ми начина, по който бе седнала, памучната рокля и престилка, това, което вършеше с дървената хурка и вретено и вълната, както и дървената ограда зад нея, която ми привлече погледа.

Zadušnica, East Serbia, 1967

I spent much time filming and recording in Serbian and Vlach villages in East Serbia. One day I went to a cemetery in the village of Veliko Izvor, right on the Bulgarian border, a village equally populated by Serbs and Bulgarians. At one gravesite a family was sharing a meal with the dead, which I photographed. Note: *zadušnica* is a remembrance of the departed akin to All Souls' Day observances in many Christian practices.

Задушница, източна Сърбия, 1967 г.

Прекарах много време да правя записи в сръбски и влашки села в източна Сърбия. Един ден отидох на гробището на село Велики извор, съвсем близо до българската граница, в което живеят както сърби, така и българи. На един гроб семейство беше изнесло храна за помен на починалия, което аз фотографирах.

Roma Coppersmiths, Plovdiv, Thrace, 1969

As I was passing through Plovdiv one day, I decided to linger in the older part of the city, where I took a series of pictures of this Roma coppersmith and his young assistant.

    Large concentrations of Roma, an ancient and independent nomadic people, live in all the countries of the Balkans (Roma is the preferred self-descriptive name for people commonly called Gypsies). Traditionally they worked as horse traders; musicians; fortune tellers and healers; peddlers and small scale businesspeople; smiths; basket and jewelry makers; metal workers; umbrella repairers; and scavengers, to name only a few of their economically marginal activities. Such jobs rarely earned them viable wages. Following World War II the socialist countries of Eastern Europe applied pressure on the Roma to stop traveling and to settle down, with the goal of assimilating them with local populations. Members of the Roma community were offered government housing and employment; except in a few cases, however, this policy has been a failure.

Ромски бакърджии, Пловдив, Тракия, 1969 г.

Минавайки през Пловдив един ден, реших да се помотая в старата част на града, където направих серия от снимки на този ромски бакърджия и младия му помощник.

    Големи групи роми – древни и независими номади, живеят във всички балкански страни („роми" е името, с което тези хора, преди наричани „цигани" на английски, предпочитат да наричат себе си). Традиционно те са работили като търговци на коне, музиканти, гадатели, лечители, амбулантни търговци, ковачи, плетачи на кошници, бижутери, майстори на чадъри, чистачи – няколко от техните икономически маргинални занаяти. Такава работа рядко им е носела достатъчно средства за живот. След Втората световна война социалистическите държави от източна Европа оказаха натиск на ромите да спрат да се местят и да се заселят постоянно, целейки тяхната асимилация от местното население. На членове на ромската общност са били предлагани държавни жилища и работа, но с изключение на в няколко изолирани случая, тази политика е претърпяла провал.

Dance Group, village of Ivanovo, Banat, Yugoslavia, 1969

I observed this ethnic Bulgarian Catholic group at a folk festival held in Yugoslavia. Officially founded by an Austro-Hungarian edict in 1868, the village of Ivanovo was first settled by Bulgarian and German families. Some of its residents claimed to be descendants of refugees from the Bulgarian village of Chiprovtsi (or Čiprovec as the villagers called it) who had fled in the 1680s in the wake of an abortive uprising against the Ottoman Turks and had crossed the Danube into Craiova before being pushed deep into the Banat by the next Tartar invasion. In 1968 they still spoke some Bulgarian.

This group had wonderful music and did intricate syncopated dance steps quite different from other dances I had observed in the Banat and also unlike any Bulgarian dancing I had ever seen. Instead, their dances and costumes looked more Romanian or Hungarian. Later, when I visited Ivanovo, I learned that in 1883 there had also been a large migration there of Hungarians from Bucovina, where I had seen similar costumes and syncopated dance steps.

Танцова трупа, село Иваново, Банат, Югославия, 1969 г.

Гледах тази група от етнически българи-католици на народен събор в Югославия. Официално създадено с указ на Австро-Унгария от 1868 г., с. Иваново било първоначално създадено от български и немски семейства. Някои от неговите местни жители твърдят, че са потомци на бегълци от българското село Чипровци (или Чипровец, както те го наричат), които, след неуспешно въстание срещу турците през 1680-те години, са избягали пресичайки р. Дунав в Крайова, преди да бъдат изтласкани от следващото татарско нашествие дълбоко навътре в Банат. През 1968 г. те все още говореха слабо български.

Тази група представи прекрасна музика и изпълни сложни синкопирани стъпки, много различни от други танци, които бях наблюдавал в Банат и не приличащи на никои други български танци. Техните танци и костюми приличаха повече на румънски или унгарски. Когато по-късно посетих Иваново, научих, че през 1883 г. е имало голямо преселение на унгарци от Буковина, където бях виждал подобни костюми и синкопирани танцови стъпки.

Bagpiper and Friend, Thrace, 1979

I was filming dancers in this village when I saw this man with a very expressive face approach and interact with the bagpiper. While waiting for the dance to start, I took several photos of the two of them.

Гайдар и неговият приятел, Тракия, 1979

Снимах танцьорите в селото, когато забелязах, че този човек с много изразително лице заговори гайдаря. Докато чакахме да започнат танците, направих няколко снимки на двамата.

Wedding Musicians, Gotse Delchev,
Pirin-Macedonia, 1979

Walking through the streets of Gotse Delchev (old name Nevrokop) I heard and followed the sound of *zurna* and *tapan* and found these musicians playing for a wedding procession, with dancing taking place in the streets of this town.

The *zurna* (*zurla* in Macedonian and Serbian) is a wind instrument whose tone is obtained from a double reed. The most primitive instrument in the oboe family, it is thought to have been brought to the Balkans from the east; today it is used only by Turkish and Roma musicians. Because of its piercing tone, the *zurna* is well suited to outdoor weddings and other festivities. It is usually played in groups (*taifi*) of two *zurna* players and a *tapan* (a large two-headed cylindrical drum) the drum emphasizing the rhythm and the *zurna* being played in the same diaphonic style as the songs in the region. Found mostly in Pirin-Macedonia near the Greek border, and southern Thrace near the Greek and Turkish borders, this type of instrumental ensemble is not commonly heard in other parts of Bulgaria.

Музиканти сватбари, Гоце Делчев,
Пиринска Македония, 1979 г.

Докато си вървях по улиците на Гоце Делчев (старото му име е Неврокоп) чух и проследих звука на зурна и тъпан и намерих тези музиканти, свирещи за сватбената церемония, като сватбарите танцуваха по улиците на този град.

Зурната („зурла" на сръбски и Македонски) е духов инструмент, чийто тон се получава от двоен пискун. Това е най-примитивният инструмент в семейството на обоите. Смята се, че зурната е била донесена на Балканите от изток; днес тя се ползва изключително от турски и ромски музиканти. Поради острия си тон, зурната е подходяща за сватби и други празненства, които се провеждат на открито. Обикновено на нея се свири в група от двама свирачи на зурна и един тъпанджия ("тайфа"). Тъпанът определя ритъма, а зурната свири в същият диафоничен стил, в който се пеят песните от региона. Такъв тип оркестър не може да се види често във всички части на България: той може да бъде намерен в югозападна България, близо до гръцката граница, а също така в южна Тракия до гръцката и турската граница.

Gadulka Player, village of Caugagia, Dobrogea, Romania, 1968

I met this musician, Vasile Luca, at a folk festival in the Black Sea resort town of Constantsa, in Romania. When he found out I could speak some Bulgarian, he told me he was an ethnic Bulgarian living in Romania and invited me to come to his village where I recorded him, filmed some dancing, and shot this photo. Note: the *gadulka* is a traditional folk fiddle. The instrument is the same whether it comes from the part of Dobrogea that is in Romania, or the part that is located in Bulgaria. It is distinctive in appearance, smaller in size, than the *gadulka* used in other regions of Bulgaria and without any resonating strings.

Гъдулар то Каугаджа, Добруджа, Румъния, 1968 г.

Запознах се с този музикант - Василе Лука на фолклорния събор в Констанца. Когато той разбра, че говоря български, ми довери, че е етнически българин, който живее в Румъния и ме покани да посетя селото му, където го записах, заснех танци и направих тази снимка. Забележка: гъдулката е струнен народен инструмент. Тя изглежда еднакво в румънската и българската част на Добруджа. Има специална форма, по-малка е и няма резониращи струни.

Band, village of Halovo, East Serbia, 1967

The village of Halovo is a Vlach village located on the Bulgarian-Serbian border, just inside Serbia. Members of this band, all from Halovo, are from L to R: Jon Varalongović, *bubanj*; Jon Barbolović, clarinet; Georghe Hristović, clarinet; Jovan Anasonović, violin. Georghe started playing in 1952 and formed this band in 1959. "Always start a wedding playing something happy," he would say. They played for weddings and celebrations in villages and towns throughout the Timok area and in Vlach villages in East Serbia, Bulgaria, and Romania until 1997. Self-taught, they were not professional musicians but rather musicians who had a professional attitude, making great music, and they were in much demand during those years. Georghe has outlived the other three musicians but no longer plays actively. Occasionally he will play solo or with another musician for funerals and folklore stage programs, playing a set repertoire. "Melodies don't come as easily to me as when I was younger." Halovo's population in 2008 was about a quarter of what it was in the summer of 1967, when this photograph was taken during a saint's day celebration. Note: the *bubanj* is a drum commonly found in folk bands in Serbia.

Битов ансамбъл, село Халово, източна Сърбия, 1967 г.

Село Халово е влашко село, което се намира на българо-сръбската граница, откъм сръбската страна. Членовете на този ансамбъл, всичките от Халово са (отляво-надясно): Йон Варалонгович, барабан; Йон Барболович, кларинет; Георге Христович, кларинет; Йован Анасонович, цигулка. Георге е започнал да свири през 1952 г. и е сформирал ансамбъл през 1959 г. „Винаги започвай сватба свирейки нещо весело", казваше той. Те са свирили на сватби и празненства в села и градове из тимошкия край и влашките села в източна Сърбия, България и Румъния до 1997 г.. Самоуки, те не бяха професионални музиканти, а по-скоро музиканти, които имаха професионално отношение към изпълнението на чудесна музика и бяха много търсени през тези години. Георге е надживял другите трима музиканти, но вече не свири активно. От време на време свири сам или с друг музикант за погребения или сценични фолклорни програми, изпълнявайки предварително поставен репертоар. „Мелодиите вече не ми идват толкова лесно както когато бях млад." Населението на Халово през 2008 г. е около една четвърт от това, което е било през лятото на 1967 г., когато тази снимка е направена на празника на някакъв светец.

Vlachs

Romanian-speaking peoples in the Vidin region of northern Bulgaria and in the Timok valley of eastern Serbia are referred to as "Vlachs." Before the founding of the Romanian state the term Vlachs was used to designate populations in this predominantly Slavic area, who spoke Romanian and also various other Romance (i.e., Latin-derived) languages, such as those spoken by populations in the southern Balkans. The Timok and Vidin area Vlachs form a contiguous linguistic, cultural, and historic group with the Romanians of Banat and Oltenia (Lesser Wallachia); indeed, the language spoken by these Vlachs is similar to the dialects from the adjacent regions of Romania.

The use of "Vlachs" to describe these Romanian-speaking peoples outside of Romania has given rise to some confusion, because the term is also used for the Aromanians, who speak another Romance language and whose center of gravity is located far to the south in Epirus, Thessaly, Macedonia, and Albania. In Serbia, for example, because both the Timok and the Aromanians are classified as "Vlachs," it is virtually impossible in official census figures to distinguish between these two separate Romance-speaking populations.

Власи

Румънско говорещите народи във видинския регион на северна България и в долината на река Тимок в източна Сърбия се наричат власи. Преди създаването на румънската държава обозначението „власи" се е използвало да определи населението, което е говорело румънски и други видове романски (т.е. основани на латински) езици, които са живели в този предимно славянски край. Тези езици са говорени от народите в Южните Балкани. Власите от тимошкия и видинския край са част от една и съща лингвистична, културна и историческа група заедно с румънците от Банат и Олтения (Малка Влахия). И така езикът говорен от тези власи е подобен на диалектите в съседните региони на Румъния.

Определението „власи", използвано за румънско—говорещите народи извън Румъния, е дало повод за объркване, тъй като то също се използва и за румънците, които говорят друг романски език и гравитират далеч на юг в Епир, Тесалия, Македония и Албания. В Сърбия например, тъй като и тимокчани и румънците са класифицирани като „власи" в официалните регистри на населението е невъзможно да се направи разлика между тези две различни романско говорещи общности.

Kemenche **Player,** village of Gorna Grashtitsa,
Shope Region, 1979

The choreographer of the local cultural center brought me to observe their local village performing group for possible filming. I photographed this musician as he was sitting on the grass, waiting for the dancers to get ready. As he saw me raise my camera, he raised his instrument, the *kemenche*, a traditional folk fiddle.

Изпълнител на кеменче (гъдулка),
село Горна Грашница, Кюстендилско, 1979 г.

Хореографът на местното читалище ме покани да видя и сметна за подходящо, да заснема изпълнението на местната танцова трупа. Снимах този музикант седнал на тревата, който чакаше танцьорите да се подготвят. Той вдигна инструмента си, когато ме видя да насочвам апарата си към него.

Dicho Svetiev Egov, village of Sborishte, Thrace, 1969

Bai Dicho was a *gadulka* maker and musician whom I visited in his village. He told me he had lived in Paterson, New Jersey, and worked in a factory there in the early 1900s, voluntarily returning to Bulgaria to serve in the army during the Balkan Wars (1912-1914). Excited perhaps by memories of his years spent in the U.S., to which he had never returned, he enthusiastically received me, an American. He was a spontaneous man, extremely kind and generous, whom I found very photogenic. I took a series of images of him both tuning and playing his *gadulka*.

Дичо Светиев Егов от село Сборище (сливенско), Тракия, 1969 г.

Бай Дичо беше майстор на гъдулки и музикант, когото посетих в селото му. Разказа ми, че е живял в гр. Патерсън, щат Ню Джърси и работил там във фабрика в началото на 20-ти век., След това по собствено желание се е върнал в България за да се запише в армията и участвал в двете балкански войни (от 1912 и 1914 г.). Вероятно развълнуван от спомените си за годините прекарани в САЩ, където повече не се е върнал, той радушно ме посрещна мен, американеца. Той беше спонтанен човек, изключително сърдечен и щедър и също доста фотогеничен. Направих серия снимки докато той настройваше и свиреше на своята гъдулка.

Bagpiper, Yambol, Thrace, 1967

The Yambol Folk Festival was one of the early Bulgarian regional folk festivals I attended. Designed for Bulgarians, it presented village performing groups and individuals from the Yambol district in Thrace. This was before folklore was discovered to be popular with foreign tourists, so virtually everyone who attended, both performers and the audience, were Bulgarians from local Thracian communities. With several stages being utilized, the festival was low-keyed yet very impressive, presenting grass-roots music and dance in a manner that exhibited minimal staging, choreography, and musical arrangements and done with a local artistic sensibility. Here is one of the many bagpipers at this festival. I photographed him because I liked the way he appeared against the background of this tall, powerful tree.

Гайдар, Ямбол, Тракия, 1967 г.

Ямболският фолклорен събор бе един от най- —ранните български събори за народно творчество, които съм посещавал. Предназначен за българи, той даваше място за изява на групи и индивидуални изпълнители от ямболския край на Тракия. Това беше преди фолклорът да стане популярен сред чуждестранните туристи и всички, които присъстваха - изпълнители и публика - бяха българи от местните тракийски общности. Използвайки няколко сцени, съборът беше непретенциозен и въпреки това внушителен. Той представяше музиката и танците на обикновените хора с минимални постановки, хореографии и музикална аранжировка и изпълнени с местен артистичен усет. Тук се вижда един от многото гайдари на този събор. Снимах него, защото ми хареса начина, по който изглеждаше на фона на това високо, мощно дърво.

Kaval **Player,** Belogradchik, NW Bulgaria, 1967

I photographed this musician preparing to go on stage at the Belogradchik Festival *From Timok to Iskar.* The Bulgarian *kaval* has been used by shepherds for hundreds of years. It is an end-blown, fippleless flute with a three-octave range—unusual for a rural wind instrument in the Balkans. It is difficult to learn, and only a virtuoso player can produce its rich, full tone by blowing across the round opening of the pipe. Since, however, little breath is required, a player who has mastered the technique can sustain long complex phrases with a single breath. Traditionally the instrument is made of a hard wood such as dogwood or pear tree in Bulgaria or mountain ash in Macedonia. Frequently, two men accustomed to playing together cut and shape their instruments from the same piece of wood in order to marry the tones.

Кавалджия, Белоградчик, Северозападна България, 1967 г.

Фотографирах този музикант, подготвящ се да излезе на сцената на белоградчишкия събор „От Тимок до Искър". Българският кавал е бил използван столетия от овчарите. Той представлява духов музикален инструмент с обхват от три октави - необичайно за селските духови инструменти на балканите. Труден е за изучаване и само виртуозен изпълнител може да възпроизведе богатството и пълнотата на тоновете чрез духане в кръглия отвор на свирката. тъй като се изисква малко дишане. Изпълнител, който майсторски е овладял техниката, може да издържи на дълги и сложни фрази с еднократно вдишване. Традиционно инструментът се прави от твърдо дърво, като дрян или крушово дърво в България, или офика в Македония. Често двама души, свикнали да свирят заедно, отрязват и оформят инструментите си от едно и също парче дърво, за да съчетаят тоновете.

Dimitar Georgiev Ignatov, village of Garvan, Dobrudzha, 1979

There was a generational divide between Bai Mityo, Bai Veliko, and the younger musicians in Garvan. The younger musicians were continually picking up and incorporating new melodies in their repertoire that they would learn from the radio and TV as well as from music schools some of them had attended outside of Dobrudzha. They were proud of what they felt was a positive accomplishment—their ability to expand the musical repertoire into which they were born and raised. The older musicians were masters of the older dance and song repertoire from their village and were deeply offended by the younger musicians, who they felt were disrespectful and dismissive of them, and they felt themselves being pushed aside. In this case the music of both groups was grounded in Dobrudzhan traditional melodies and both were skilled in the music they were making. It was a poignant situation for the older men. Saddened that they found themselves marginalized in their own village, I proceeded to record many of their melodies and take lots of photos of them.

Димитър Георгиев Игнатов, село Гарван, силистренско, Добруджа, 1979 г.

В село Гарван съществува разделение на поколенията. Бай Митьо и бай Велико от една страна и по-младите музиканти от селото – от друга. По младите музиканти непрекъснато заимстваха и включваха в репертоара си нови мелодии, които чуваха по радиото или телевизията, както и от музикалните училища, в които някои от тях бяха учили извън Добруджа. Те се гордееха с това, което виждаха като с добро постижение – възможността да разширят музикалния си репертоар, с който са свикнали от малки. Старите музиканти бяха майстори в своя репертоар от едновремешни танци и песни от селото, но се чувстваха дълбоко засегнати от младите музиканти, които се били отнасяли към тях без уважение и ги били пренебрегвали и затова се чувстваха отстранени. В този случай музиката и на двете групи беше обособена в традиционни добруджански мелодии, а и двете групи имаха умения в музиката, която правеха. Натъжих се, че се чувстваха пренебрегнати в собственото си село. Записах много техни мелодии и им направих много снимки.

Gadulka Player with Puppets, Belogradchik, NW Bulgaria, 1967

One of the hits of this festival was this older man, who played both *gaida* and *gadulka*. He played the *gadulka* with a string attached to two puppets, so as he bowed his instrument, the figures would move, pulled from side to side according to the degree of his bowing. Note: *gaida* is a bagpipe, and *gadulka* is a folk fiddle (*rebec*).

Гъдулар с марионетки, Белоградчик, Северозападна България, 1967 г.

Едно от забележителните изпълнения на събора беше този възрастен мъж, който свиреше на гайда и на гъдулка. Беше вързал две кукли с въженце за гъдулката си, така че когато свиреше с лъка, фигурките се движеха на една или друга страна според ъгъла на свирене.

Bagpipers and Singer, Rhodope, 1968

Lazar Kanevski, village of Momchelovtsi; Stephan Zahmanov, village of Sokolovtsi; Maria Cholakova, village of Batchkovo, Rhodope, 1968. After our recording session in Smolyan, we visited with Bai Stephan in his village of Sokolovtsi where I took this photograph.

    Due to its great mountains and forests, the Rhodope was virtually inaccessible until the middle of the last century and because of its isolation developed a unique culture. Pipers from this region often play in groups of two or three. The *kaba gaida* (large bagpipe) is capable of tremendous volume and intensity; and when played in pairs, one of the drones is shut to avoid the overwhelming blast that would otherwise result.

    Both pipers pictured here are former miners who would go into nearby villages to play for weddings or other festivities. The singer was born and raised in the Rhodope but moved to Sofia to attend university, eventually becoming a schoolteacher there.

Гайдари и Певица, Родопите, 1968 г.

Лазар Каневски, с. Момчиловци; Стефан Захманов, с. Соколовци; Мария Чолакова, с. Бачково, Родопите, 1968 г. След записа на изпълнението, с бай Стефан посетихме неговото село Соколовци, където направих тази снимка.

    Поради огромните планински масиви и гори, Родопите са били недостъпни до средата на миналия век, развивайки уникална култура в резултат от тази си изолация. Гайдари от региона често свирят на групи по двама или трима. Каба гайдата е инструмент, с мощен и напрегнат звук и когато на нея се свири по двойки, ручилото на едната гайда се затваря, за да се избегне силното бучене, каквото иначе би се получило.

    Двамата гайдари на снимката са бивши миньори, които са свирели по сватби и други празненства по съседните села. Певицата е родена и израснала в Родопите, но след завършването на висшето си образование се е установила в София, където е учителка.

Valya Balkanska, village of Arda, Rhodope, 1968

Ethel Raim heard Valya Balkanska sing *"Izlel e Delyu Haidutin"* at the first Koprivshtitsa Festival in 1965 and found her performance unforgettable. When I approached the Bulgarian Committee for Friendship with Foreign Countries with a proposal to produce two recordings of Bulgarian folk music for western audiences, they suggested other singers; but we were insistent on recording Valya because of the virtuosity of her performance, which conveyed the full richness, depth, and range of the Rhodope songs. After the recording we went to visit with Valya in Arda where I took this photo.

Валя Балканска, село Арда в Родопите, 1968 г.

Етел Рейм е чула Валя Балканска да пее „Излел е Делю Хайдутин" на първия събор за народно творчество в Копривщица през 1965 г. и определи това изпълнение като незабравимо. Когато аз предложих на Комитета за приятелство и културни връзки с чужбина да бъдат издадени две грамофони плочи с българска народна музика, предназначени за Западната публика, от там ни предложиха други певци, но ние настояхме да запишем Валя заради виртуозността на нейното изпълнение, която представяше пълното богатство, дълбочина и диапазон на родопските песни. След записа, заедно с Валя отидохме в Арда, където направих тази снимка.

Voyager Project

On August 20 and September 5, 1977, two spacecrafts called *Voyager* were launched to the stars. After exploring the outer solar system from Jupiter to Uranus between 1979 and 1986 they left the solar system, emissaries of earth to the realm of the stars. Affixed to each *Voyager* craft is a gold-coated copper phonograph record as a message to possible extraterrestrial civilizations that might encounter the spacecraft in some distant space and time. Each record contains 118 photographs of our planet, ourselves, and our civilization; almost 90 minutes representing the diversity of the world's music; an evolutionary audio essay "The Sounds of Earth"; and greetings in almost 60 human languages (and one whale language). The piece *"Izlel e Delyu Haydutin"* sung by Valya Balkanska, recorded in Smolyan, Bulgaria, by Martin Koenig and Ethel Raim in the summer of 1968, is one of 27 musical selections included on the *Voyager* spacecraft.
It can be heard on Elektra/Nonesuch Explorer Series CD *A Harvest, A Shepherd, A Bride, Village Music of Bulgaria.*

Проектът "Вояджър"

На 20-ти август и 5-ти септември 1977 г два космически кораба, наречени "Вояджър", бяха изстреляни към звездите. След като изследваха външната част на слънчевата система от Юпитер до Уран в годините между 1979 г. и 1986 г., те напуснаха слънчевата система, превръщайки се в посланици на Земята в царството на звездите. Всеки "Вояджър" носи позлатен диск, изработен от мед - едно послание към евентуално съществуващи извънземни цивилизации, които може да срещнат тези космически апарати в някое далечно място и време. Всеки диск съдържа 118 снимки на нашата планета, нас и нашата цивилизация; почти 90 минути, представящи богатството на световната музика; еволюционно аудио есе на тема „Звуковете на земята"; и поздрави на почти 60 човешки езика (и един език на китове). Песента „Излел е Дельо Хайдутин", изпята от Валя Балканска и записана в Смолян, България от Мартин Кейниг и Етел Рейм през лятото на 1968 г. е една 27-те музикални пиеси.
Тя може да бъде чута в компактдиска от серията "Explorer" на Elektra/Nonesuch: "Жътва, овчар и булка. Музика от селата на България".

Valya during the recording session. She was recorded in a simple, bare classroom—no luxury of a recording studio.

Валя по време на записа. Тя беше записана в скромна гола класна стая – без следа от лукса на звукозаписното студио

Veliko Tsvetkov Tsonev and Wife, village of Garvan, Dobrudzha, 1979

While filming in different Dobrudzhan villages I visited Garvan, where an argument erupted between Bai Veliko and his longtime musical partner Dimitar Georgiev Ignatov on one side and some younger musicians from their village on the other. Their argument was one that I have heard on numerous occasions in Bulgaria, in other parts of the Balkans, and in various ethnic communities in the U.S. The older musicians questioned whether the music being played by the younger musicians was from their village, while the younger musicians derided the music being made by these older musicians as quaint and old-fashioned. While visiting Bai Veliko at his home I asked if I could photograph him and his wife. This is the photograph I took.

Велико Цветков Цонев и жена му, село Гарван (Силистренско), Добруджа, 1979

Докато снимах в различни добруджански села, посетих село Гарван, където възникна спор между бай Велико и неговия дългогодишен музикален партньор Димитър Георгиев Игнатов от една страна и от друга – млади музиканти от селото. Подобни спорове съм чувал много пъти из България, в други краища на Балканите и в различни етнически общности в Съединените Щати. По-възрастните музиканти не приемаха музиката, изпълнявана от младите от селото, защото не им звучеше като от тяхното село, докато младите музиканти се присмиваха на музиката, изпълнявана от по-възрастните им колеги, понеже била отживяла и старомодна. Когато посетих бай Велико в дома му, го помолих да го снимам с жена му. Това е снимката.

Woman in Costume, village of Bardarski Geran, NW Bulgaria, 1967

While at a regional folk festival in Belogradchik, I saw this woman resting and having a cool drink backstage. I had seen many beautiful costumes while traveling through other areas of Bulgaria, but the nineteenth-century costume she was wearing, with its particularly rich coloring and hand-made design, was unlike any I had seen before. Bardarski Geran was settled by Bulgarians returning from the Banat region after the liberation of Bulgaria from Ottoman rule in 1878.

Жена с носия, село Бърдарски геран (врачанско), Северозападна България, 1967 г.

Докато бях на регионалния събор за народно творчество в Белоградчик забелязах тази жена, която пиеше нещо разхладително зад кулисите. Бях виждал много красиви носии докато пътувах из други краища на България, но носията от деветнадесети век, която тя носеше, с богатите си цветове и ръчна изработка, не приличаше на никоя друга, която бях виждал по-рано. Село Бърдарски геран е било заселено от българи, завърнали се от банатския край след освобождението на България от османско господство през 1878 г.

Lazarki, village of Bistritsa, Shope Region, Western Bulgaria, 1967

Lazaruvane is a spring or Lenten ritual performed on St. Lazar's Day, in which young women and girls (*lazarki*) go from house to house regaling residents with songs and dances and wishing them health and fertility. In exchange, the *lazarki* receive money, eggs, flour and the like. The ritual may vary slightly from region to region, but in all of them it is one of transition, marking the emergence of the *lazarki* into a new social group as marriageable young women. After my first field trip to Bulgaria in 1966, I made a special point to return earlier the next year specifically to document the *lazarki* ritual. With my colleagues from the *Institut Za Muzika*, we went to villages near Sofia and followed this group of young girls, recording and photographing them as they visited from house to house. By 1979 this ritual had become largely irrelevant.

Лазарки, с. Бистрица, Шоплука, България, 1967 г.

Лазаруването е пролетен ритуал, свързан с великите пости, който се извършва на Лазаровден. Млади жени и момичета (лазарки) ходят от къща на къща, пеейки и танцувайки на стопаните с пожелания за здраве и плодородие. В замяна лазарките получават пари, яйца, брашно и други неща. Обредът леко варира в различните региони, но в основата си представя прехода на момичетата-лазарки в нова социална група—тази на младите жени за женене. След моето първо пътуване до България през 1966 г., специално си отбелязах да се върна отново следващата година в началото, за да документирам лазарския обичай. С моите колеги от Института за Музика отидохме до село край София и следвахме тази група млади момичета, записвайки и снимайки ги, докато те ходеха от къща на къща. През 1979 г. този обичай почти бе изгубил значение.

Village Women at a Wedding, village of Mladovo, Thrace, 1979

I was filming dance in the context of community celebration when I took this photo. I had filmed in this village over the past dozen years on various occasions but had never before shot footage of a wedding. This was taken on the third day of a three-day celebration of a wedding between two local residents. The previous two days had been celebrated indoors in the bride's house, the groom's house, and in the local village restaurant among invited guests of the two families. On this Sunday afternoon people gathered in the center of the village where everyone would come to dance, to socialize, or just watch. They had hired professional musicians from Sofia and Sliven to accompany the dancing. Since weddings here involved the entire community, everyone was there, with more than one hundred people on the dance line and many others standing around watching. The physicality of both men with men and women with women was very striking for me. Here was a group of people watching the dancing.

Селски жени на сватба, село Младово, Тракия, 1979 г.

Правех филм на танц в контекста на всеобщо празненство, когато направих тази снимка. Бях снимал в това село през изминалите десетина години по различни поводи, но никога преди не бях правил филм на сватба. Това е снимано на третия ден от тридневното празнуване на сватбата на двама местни жители. Предишните два дни празненствата са били в домовете на булката и младоженеца и в местния селски ресторант сред поканени гости на двете семейства. В този неделен следобед хората се бяха събрали в центъра на селото, където всеки можеше да дойде да танцува, да си поговори с някой или само да гледа. Бяха наели професионални музиканти от София и Сливен да съпровождат танците. Тъй като сватбите тук включваха цялото село, всички хора бяха там – имаше повече от сто човека на хорото и много други седяха наоколо да гледат. Фактът, че на хорото мъжете танцуват само до други мъже, а жените – до други жени беше странен за мен. Това е група от хора, които гледат хорото.

Woman Sitting on Bench, village of Obidim, Pirin-Macedonia, 1968

I spent several hours socializing with local people in the village square, waiting as the local schoolteacher asked different village singers to come and be recorded in the village school. Always I had at least one SLR camera with me and from time to time would take a photograph. This woman was sitting with a group of people talking about the visitors. I took several photographs of her.

Жена, седяща на пейка, село Обидим, Пиринска Македония, 1968 г.

Прекарах няколко часа на селския мегдан, общувайки си с хората там, докато чаках местния учител да обиколи и разпита различни певци от селото дали искат да бъдат записани в селското училище. Винаги носех със себе си поне един фотоапарат и от време на време правех снимки. Тази жена седеше в една група от хора, които обсъждаха посетителите. Направих няколко снимки с нея.

Old Man, Yambol, Thrace, 1967

This elderly man, sitting as part of the audience at this folk festival, was so elegant and proud in his attire that he stood out. I took his portrait from afar with a 135 mm telephoto lens.

Старец, Ямбол, Тракия, 1967 г

Този възрастен мъж, седящ сред публиката събора за народно творчество, изглеждаше толкова елегантен и горд с облеклото си, че изпъкваше сред останалите. Направих му портретна снимка отдалеч с 135 мм телеобектив.

Acknowledgments

I would like to thank Ivo Hadjimishev, curator of an exhibition of my photographs at the Bulgarian National Gallery in 2006, for his invitation for me to display my photographs from so many years past, and for his meaningful creative input, his unflagging support and enthusiasm, as well as for his ongoing good humor all during this process. I also thank the Bulgarian Academy of Sciences, National Ethnographic Museum and the Bulgarian Photographic Society, who were the sponsors of this initial exhibition.

I am indebted to the many Bulgarians who so generously permitted me to film, record, and photograph them and entrusted me to represent them through my publications.

How I look at the world today has been shaped by the innumerable productive hours I spent with my longtime friend and work partner Ethel Raim. Though this book represents work I did alone, the memorable conversations Ethel and I have had over the years about Bulgaria and the Balkans significantly influenced how I approached and conceptualized my work. I value enormously the time we spent together discussing authenticity, tradition, musical and cultural transmission, and so much more. Her thoughtfulness about and dedication to traditional culture are reflected in these pages.

My deepest thanks are due Dr. Anna Ilieva, who I met on my first visit to Bulgaria. She became my lifelong friend, principal mentor, and trusted guide to Bulgarian traditional dance. Her profound knowledge and insights helped me grasp the significance of the *horo* (Bulgarian traditional dance) and introduced me to Bulgaria's complex folklore. Through her I learned the central role these traditions played in the life of that older, pre-communist, Bulgarian society. Dr. Ilieva taught me that the passionate solidarity of Bulgarian dance is the spirit of the village—and ultimately is the heart of the Bulgarian nation itself.

For support of field research I am grateful to Margaret Mead and the Institute for Intercultural Studies, the Wenner-Gren Foundation for Anthropological Research, the International Research and Exchanges Board (IREX), *Institut Za Muzika* of the Bulgarian Academy of Sciences, and last, but not least, the Bulgarian Committee for Cultural Relations with Foreign Countries. I am particularly grateful to the late Dr. Lucia Capodilupo, who was Program Officer of the International Research and Exchanges Board (IREX) for her cheerful support and for serving as an excellent guide in the technicalities of the exchange process.

I wish to thank all who have encouraged and financially supported the publication of this work. Please forgive me if I leave anyone out.

I am grateful to Dick Busher, Dana Drake and Panda Labs, Steve Horn, the late Paul Macapia, Don Normark, Chuck Pennington, John Dally and Rebecca Buffum Taylor, who so generously gave of their time and expertise to teach me the world of book-writing and book-publishing, and especially the world of high quality photo-documentary books.

A big thank you to Bonnie Wilkins, Toby Allan, John Lucas, Michael Rosenberg, Richard Jones, Nick Simmons, Cheryl Spasojevic, Priscilla Beard and Renee Marceau. For legal advice I would like to express my gratitude to Shelly Frankel and Jen Hurley.

Drafts of my writing were read and reread by Margaret Hoeffel, Bonnie Wilkins, Barbara Quart, Ellen Harold, Ethel Raim, Ravenna Koenig, and Dr. Nancy Groce. I thank them all for their helpful suggestions and patience. For Bulgarian translations I thank Mina Rizova Kirilova, Tony Kirilov, Evgenia Angelova-Kopacheva, Nikolai Atanasov and the Bulgarian-speaking members of Ensemble Balkanski Igri: Tami Gurov, Hristina Hristova, Galia Miloucheva-Kuo, John Kuo, and Mariya Nikolova.

I owe so much to Susan Applegate who has spent countless hours on the design of this book, and who has patiently and lovingly put it together. Randall Warner provided helpful editorial guidance. Simos Saltiel deserves praise for coordinating the multi faceted task of seeing all phases of book production to completion.

Donors and supporters who made financial contributions without which this work could not have happened include The National Endowment for the Arts, Folk Arts Program, The Boeing Company, Kina Bagovska, Bulgarian-American Heritage Center (Chicago), Bulgarian Memory Foundation, Meredith Clason, Ensemble Balkanski Igri, Rhonda Feren, Art and Mary Hodgins, Rayna Holtz, Dr. Katya and Yordan Iliev, Lila Kalinich, Ruth Katz, John Kuo, Bob Leibman, Ken, Uschi, Rob, Molly/Cindy Melamed (in honor of their mother Lanie), Leonard Plodzien, Seattle Foundation, Petra Stamatova, Jim Stoynoff, Randall Warner, Barry Feldman and the University of Chicago Center for East European and Russian/Eurasian Studies. I thank Peter Rushefsky, Director, and the Center for Traditional Music and Dance, for their ongoing support of my work and this project.

Finally, my thanks to three individuals and their Seattle organizations: Executive Director Jim Kelly and his staff at 4Culture for their on-going friendship and support; Director Joan Rabinowitz at The Jack Straw Foundation and her staff for post-production support for the audio disc that accompanies this book; Director of Programs Deborah Fant and the staff at Northwest Folklife for their generous help and collaborative efforts bringing these images to the Bulgarian and general public audiences in the Pacific Northwest.

NOTES

Material about the Vlachs was written by Nicholas Balamaci. Information on the village of Ivanovo was supplied by Josif Ceh from the Dom Kulture, Ivanovo.

Some of the material in these captions was reworked from liner notes I wrote for the original Elektra/Nonesuch Explorer Series Albums: *A Harvest, A Shepherd, A Bride, Village Music of Bulgaria* H-72034 and *In the Shadow of the Mountain, Bulgarian Folk Music* H-72038 (reissued on Elektra/Nonesuch Explorer Series CD 9 79195-2).

Portions of the proceeds from the sale of this book and CD are being donated to the Vergily Atanasov Foundation, a Bulgarian not-for-profit foundation dedicated to the preservation and dissemination of the materials created and collected by the late respected Bulgarian ethnomusicologist, Vergily Atanasov. To make an additional financial contribution to this organization, donations should be sent to:

Vergily Atanasov Foundation
for Bulgarian and Balkan Ethnoorganology
contact: Nikolai Atanasov
1619 Sofia, BG
Knyazhevska St., House 47
Entrance A, Floor 3, Apt. 11

Благодарности

Бих искал да благодаря на Иво Хаджимишев, куратор на моята фото изложбата в Националната Художествена Галерия през 2006 г. Благодаря му за поканата да изложа снимките си от тези изминали години, за полезния му творчески съвет, за неуморната му подкрепа и ентусиазъм и за вечното му чувство за хумор по време на целия процес. Искам също така да благодаря на Българската Академия на Науките, Националния Етнографски Музей и Българската Фотографска Асоциация, които спонсорираха първата ми изложба в България.

Задължен съм на многото българи, които така великодушно ми позволиха да ги снимам, фотографирам и представям чрез моите публикации.

Сегашният ми мироглед беше оформен от многобройните продуктивни часове, прекарани с дългогодишната ми колежка и лична приятелка Етел Рейм. Въпреки че тази книга представя работа, която съм събрал сам, незабравимите ми разговори с Етел за България и Балканите през годините значително повлияха върху начина, по който съм подхождал към и оформял работата си.

Най-дълбоки благодарности отправям към д-р Ана Илиева, с която се запознах при първото ми пътуване в България. Тя стана дългогодишна моя лична приятелка, главен съветник и доверен водач из традиционните български танци. Нейните дълбоки знания и проницателност ми помогнаха да разбера значението на хорото и ме запознаха със сложния фолклор на България. Чрез нея научих за централната роля, която тези традиции играеха в живота на това старо, пред-комунистическо българско общество. Д-р Илиева ме научи, че горещата солидарност на българските танци символизира духа на селото и в крайна сметка е сърцето на самата българска нация.

За подкрепата в изследователската ми дейност съм благодарен на Маргарет Мийд и Института за Между културни Проучвания, Фондация Веннер-Грен за антроположки проучвания, на Международния Съвет за Изследвания и Обмен (IREX), на Института за Музика при Българската Академия на Науките, на българския Комитет за Приятелство и Културни връзки с Чужбина; на д-р Лусия Каподилупо, която беше програмен специалист при Международния Съвет за Изследвания и Обмен (IREX) за нейната окуражаваща подкрепа и за това, че беше отличен съветник по техническите подробности при процеса на обмен.

Бих искал да благодаря и на тези, които окуражаваха и финансово подкрепиха публикацията на тази работа. Простете ми, ако съм пропуснал някого.

Благодарен съм на Дик Бушър, Дейна Дрейк и Панда Лабс, Стийв Хорн, покойните Пол Макапиа, Дон Нормарк, Чък Пенингтон, Джон Дали и Ребека Бъфъм Тейлър. Те толкова благородно отдадоха времето и опита си да ми покажат света на писането и публикуването на книги и по-точно света на висококачествените документални фото-публикации.

Искам да благодаря много на Тоби Алън, Джон Лукас, Бони Уилкинс, Дан Дрейк и Панда Лабс, Майкъл Розенбърг, Ричард Джоунс, Ник Симонс, Шерил Спасойевич, Присила Биърд и Рене Марсо. За юридическите съвети, искам да изразя благодарността си към Шели Франкел и Джен Хърли.

Черновите на моите бележки бяха четени и препрочитани от Маргарет Хефъл, Бони Уилкинс, Барбара Куорт, Елен Харълд, Етел Рейм, Равена Кейниг и д-р Нанси Гроусл Благодаря на всички тях за тяхното търпение и полезни предложения. За българските преводи благодаря на Мина Ризова Кирилова, Тони Кирилов, Христина Христова, Евгения Ангелова-Копачева, Николай Атанасов и на говорещите български език членове на ансамбъл "Балкански игри": Тами Гуров, Христина Христова, Галя Милушева-Куо, Джон Куо и Мария Николова.

Дължа толкова много на Сюзън Епългейт, която прекара безбройни часове в работа върху дизайна на тази книга и търпеливо и с обич я сглоби. Рандал

Уорнър даде ценни напътствия при редактирането. Симос Салтиел заслужава специална похвала за координацията на това разностранно начинание за надзора на всички фази от създаването до завършването на книгата.

Донорите и подкрепящите, които направиха финансови контрибуции, без чиято помощ тази книга нямаше да може да стане реалност включват: Националния Фонд за изкуство, Програмата за Фолклорно изкуство, Фирма "Бойнг", Кина Бъговска, Българо-Американски Център за Културно Наследство (Чикаго), Фондация "Памет за България", Мередит Клейсън, Ансамбъл "Български игри", Ронда Ферън, Райна Холц, д-р Катя и Йордан Илиеви, Лайла Калинич, Рут Катц, Джон Куо, Боб Лийбмън, Арт и Мери Ходжинс,, Кен, Уши, Роб, Моли и Синди Меламед (в памет на тяхната майка Лани), Леонард Плоджиен, Фондация "Сиатъл", Петра Стаматова, Джим Стойнофф, Рандъл Уорнър, Бари Фелдман и Центъра за Източноевропейски и Руски/Евразийски изследвания на Чикагския уни-верситет. Благодаря на Петър Рушевски, директор на Центъра за традиционна музика и танци за тяхната продължаваща подкрепа за моята работа и моя проект.

Последно, но не и по значение, искам да благодаря на трима души и техните организации в Сиатъл: на Главният директор Джим Кели и неговият тим във "Фор Кълчър" за тяхното продължаващи приятелство и подкрепа; на директор Джоун Рабиновиц от Фондация "Джак Стро" и нейният екип за след- —продуцентска подкрепа за аудио диска, който се разпространява с тази книга; е на програмния директор Дебора Фант и нейният екип в "Нортуест Фолклайф" тяхната благородна помощ и усилия за да стигнат тези образи до българската и до широката публика в северозападната част на тихоокеанското крайбрежие.

ЗАБЕЛЕЖКИ

Материалът за власите е написан от Николас Баламаци. Информацията за с. Иваново е предоставена от Джозиф Сех от Дом на Културата, Иваново.

Част от материалите в тези заглавия са преработка от бележки, които съм писал за първото издание на грамофонните плочи на Elektra/Nonesuch Explorer Series- „Жътва, овчар, булка. Музика от България ", H-72034 и „В сянката на Планината, българска народна музика", H-72038 (преиздадени на компактдиск Elektra/ Nonesuch Explorer Sseries CD 9 79195-2)

Част от приходите от продажбата на тази книга и диск ще бъдат дарени на Фондация "Вергилий Атанасов за българска и балканска етноорганология" - българска благотворителна фондация за запазване и разпространяване на материали, създадени и събрани от уважавания покоен български етномузиколог, Вергилий Атанасов. Дарения за фондацията могат да се изпращат на:

Фондация „Вергилий Атанасов за българска и балканска етноорганология"
за Николай Атанасов
1619 София, България,
ул. „Княжевска" блок 47
вх. А, ет. 3, ап. 11

THE BOOK VOICES & IMAGES FROM BULGARIA WAS INITIALLY DESIGNED BY SUSAN APPLEGATE. SCANNING FROM NEGATIVES BY AGITPROP, SOFIA, BULGARIA. DUOTONES BY SOTIRIS YANNAKOPOULOS. DESIGN IMPLEMENTATION AND PRODUCTION BY RED CREATIVE. 2000 COPIES PRINTED IN THESSALONIKI, GREECE IN 2011 BY SKORDOPOULOS PRINTERS AND BOUND BY TRIKALIARIS.

КНИГАТА "ГЛАСОВЕ И ОБРАЗИ ОТ БЪЛГАРИЯ" ПЪРВОНАЧАЛНО БЕШЕ ОФОРМЕНА ОТ СЮЗЪН ЕПЪЛГЕЙТ. СКАНИРАНЕТО ОТ НЕГАТИВИТЕ Е НА "АГИТПРОП", СОФИЯ, БЪЛГАРИЯ. ДВУТОНОВИ ИЗОБРАЖЕНИЯ: СОТИРИС ЯНАКОПУЛОС. ОСЪЩЕСТВЯВАНЕ НА ПРОЕКТА И ПРОДУКЦИЯ: "РЕД КРИЕЙТИВ". 2000 КОПИЯ ОТПЕЧАТАНИ В СОЛУН, ГЪРЦИЯ ПРЕЗ 2011 г. ОТ ПЕЧАТНИЦИ "СКОРДОПУЛОС" ПОДВЪРЗАНИ ОТ "ТРИКАЛИАРИС".